Armando Pollini

Samuele Mazza

Armando Pollini

Design e affinità elettive

LEONARDO ARTE

Giovanni Gastel, foto
vincitrice del premio
lettrici "Lei", campagna
fotografica primavera/
estate 1985

*Giovanni Gastel, winning
photo of the readers'
competition held
by the magazine "Lei",
photographic campaign
spring/summer 1985*

A fronte, Elio Di Franco,
sedia "Donna", struttura
in metallo, seduta in rete
di metallo, braccioli
in legno, 1988

Opposite, Elio Di Franco,
"Donna" chair, metal
structure, seat in metal
screen, arms in wood, 1988

Abiti e abitazioni

di Samuele Mazza

Dress and Dwellings

by Samuele Mazza

Mi sembra questa l'occasione ideale per premettere gli obiettivi di un progetto che mi sta particolarmente a cuore: creare una monografia per ogni azienda italiana della moda, dal campo dell'industria tessile a quello della produzione calzaturiera. L'obiettivo finale è quello di prospettare un percorso, fatto di attualità e di storie personali, tra gli aspetti più rilevanti del costume italiano, dal dopoguerra a oggi. Penso a molte delle grandi famiglie imprenditoriali indissolubilmente legate alle sorti vincenti del made in Italy. A chi con grande impegno ha saputo creare autentici miracoli economici, partendo da realtà artigianali, da piccole aziende a conduzione familiare, per raggiungere una posizione leader nel contesto internazionale della moda. Vorrei così rendere omaggio alle diverse dinastie di innovatori, di creativi e di amministratori, geniali artefici di veri e propri imperi della finanza.

Insomma, mi propongo di costituire una vera e propria biblioteca della moda italiana: un'idea ambiziosa, soprattutto se consideriamo che la stragrande maggioranza delle aziende non possiede alcun archivio relativo alle collezioni, ai disegni, allo styling, alle fotografie redazionali e pubblicitarie. Eppure un approccio pragmatico, finalizzato alla documentazione "scientifica" degli stili e delle strategie propri dell'industria italiana della moda appare assolutamente necessario. Quindi, non rimane altro da fare che rimboccarsi le maniche e trovare, di volta in volta, le più appropriate vie d'accesso alla ricerca.

Nel caso specifico di Armando Pollini, al quale questo volume è dedicato, si è trattato di un lavoro abbastanza semplice. E se ciò va in parte attribuito alla giovane storia della sua azienda, non è da sottovalutare il prezioso contributo del suo personale "angelo custode", Roberta Motta Pollini, che, oltre a essere moglie di Armando, si occupa autonomamente di comunicazione ed è in grado di organizzare con attenzione e meticolosità gli archivi delle aziende con cui lavora.

Pollini, design e affinità elettive rientra in una collana dedicata specificamente all'industria calzaturiera, secondo un itinerario concordato con Leonardo Arte. Tra i titoli scelti,

This seems to be the perfect time to announce my plans for a project that means a great deal to me: to create a monograph for every Italian firm in the fashion business, from the textiles industry to the shoe industry. The final idea is to present an itinerary consisting of current issues and personal experiences that most reveal Italian culture from the post-war years to today. I'm thinking of various portraits of the great entrepreneurial families who are indissolubly tied to the winning destinies of Made in Italy. And also of those who through their struggles lived economic miracles, beginning as true craftsmen in small family businesses and becoming leading figures in the international context of fashion. I would like to pay homage to the various dynasties of innovators, designers and, last but not least, managing directors, those genial creators of true financial empires.

Last of all, I would like to be able to create a veritable national library of Italian fashion design—an ambitious idea especially if one considers the enormous majority of companies that have no archives regarding their different collections, the designs, styling, editorial and publicity shots. Nonetheless, it seems to become more and more necessary to take a pragmatic approach, finalized with a "scientific" documentation of styles and strategies specific to the Italian fashion industry. Thus, nothing remains but to push up our sleeves and search out the best way to go about this task.

In the case of Armando Pollini, to whom this volume is dedicated, it was a relatively simple problem which is in part attributable to his company's youth; also proper recognition must be given to the contribution of its personal "guardian

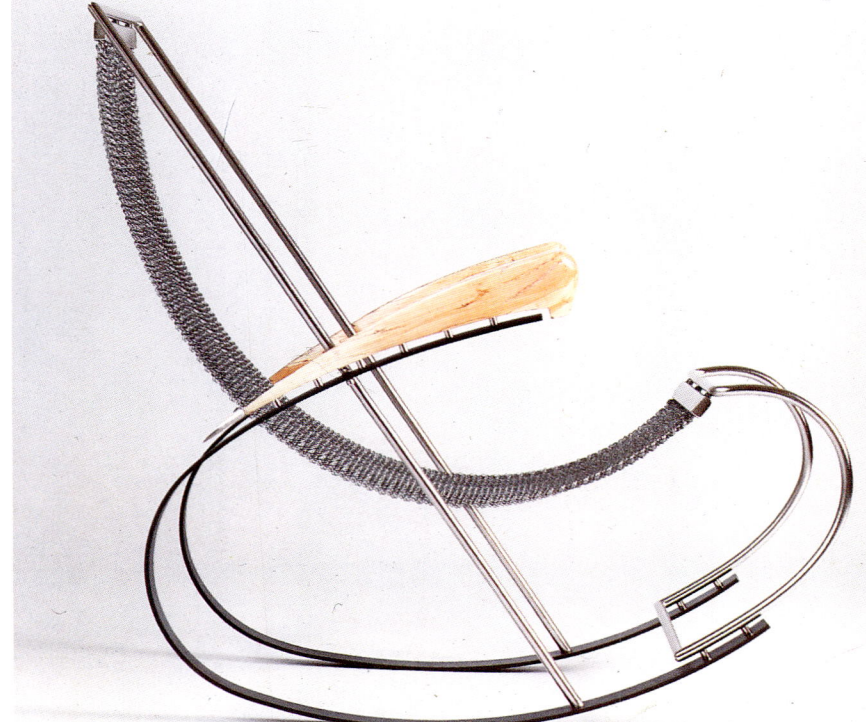

alcuni sono già stati realizzati, altri sono in stampa, altri ancora in fase di progettazione.

Dopo aver preso visione e focalizzato l'identità estetica, i caratteri tecnici e le fonti di ispirazione degli imprenditori-stilisti considerati, ho deciso di creare dei parallelismi tra moda e altre discipline creative, con lo scopo di espanderne i contenuti culturali e, contemporaneamente, con l'intento di dimostrare le irrazionali e brillanti coincidenze esistenti nell'ambito della progettazione. Non basta considerare il fatto che esiste una stessa fonte da cui vengono attinte le idee, ma è anche necessario valutare quanto queste idee risentano di flussi e riflussi del gusto, della storia, della qualità via via suggerita dalle esigenze epocali.

Spesso si accusa (ingiustamente) la moda di "consumare in fretta". Di proporre ed esaltare qualcosa che, poco tempo dopo, può facilmente aborrire. Io sono invece convinto che esista, oltre alla corsa al nuovo, una serie di valori che rimangono immutati nel tempo. Segni basic, che rappresentano dei punti fissi non soltanto nell'ambito della moda, ma in tutti i più disparati campi del consumo. In questo libro, ad esempio, ho voluto creare un connubio tra fashion e industrial design, per dimostrare che segni e linguaggi dei diversi specifici hanno non pochi punti di contatto. Da un lato, con l'obiettivo di vestire e rinnovare l'identità del corpo. Dall'altro, con lo scopo non dissimile di sviluppare e trasformare la struttura dell'habitat. Infatti Armando Pollini più di ogni altro stilista utilizza materiali che in questo contesto possono essere definiti "universali", ovvero adatti a vestire il corpo umano e altrettanto adatti a realizzare mobili e oggetti per la casa. Mi riferisco all'elastico, di cui Pollini fa un uso costante, al punto di essere definito dalla rivista americana "Women's Wear Daily": "The King of Elast" (Alessandra Ilari). Questo materiale è composto, come spiega lo stesso Armando Pollini, da fibre ecologiche che garantiscono flessibilità e comfort, esprimendo un concetto di assoluta high-tech.

angel," Roberta Motta Pollini, who besides being Armando's wife does all the communications herself and keeps impeccable order in the archives of the companies she works for.

Pollini: Design and Elective Affinities *enters the collection dedicated specifically to the shoe industry, while following an itinerary agreed upon with Leonardo Arte. Among the selected titles, some have already been created, others are in print, and still others are at the planning stage.*

After having reviewed and pinpointed the esthetic identity, technical characteristics, and the sources of inspiration of the manager-stylists in consideration, I decided to draw parallels between fashion design and other creative disciplines with the idea of expanding their cultural contents and, simultaneously, with the intention to highlight the irrational and brilliant coincidences that exist in the realm of design. It is not sufficient to consider the fact that there is a single source from which all ideas are drawn; rather, it is also necessary to measure how much these ideas are affected by the ebbs and flows of tastes, history, quality and so on reflecting the needs of specific periods.

Fashion is often (and unjustly at that) accused of rapid "consumerism": suggesting and exalting things that only shortly thereafter could be dispised. I am convinced, however, that besides always chasing after the new, design leaves behind a series of immutable values—basic trends, that represent fixed points not only in fashion, but in all the most dissimilar areas of consumerism. In this book, for example, I wanted bring together fashion and industrial design, to demonstrate that signs and languages of the various specifics have more than just a few common reference points.

Armando Pollini, more than any other stylist, uses materials that can, in this context, be considered as "universal," or adapted to clothing the human body as well as to making furniture and household objects.

I'm referring to elastic webbing which Pollini uses all the time, to the point of being nicknamed "The King of Elast" by Alessandra Ilari of "Women's Wear Daily." This absolutely high-tech material, she explains, is made up of ecological fibers that guarantee flexibility and comfort.

Stivaletto in elastico,
foto di Maurizio Pracella

Elastic ankle-boot,
photo by Maurizio Pracella

Piatto Alessi

Plate by Alessi

Stivale in elastico e pelle,
foto di Giovanni Gastel

*Boot in elastic and leather,
photo by Giovanni Gastel*

Armando Pollini
design e affinità elettive

di Mariuccia Casadio

Armando Pollini
Design and Elective Affinities

by Mariuccia Casadio

La prima volta che ho incontrato Pollini, mi ha informata già dopo cinque minuti di quello che è un aspetto immutabile e peculiare del suo carattere e della sua maniera di procedere. "Sono un lupo solitario."
Qualcosa di perfettamente sui generis, come volevasi dimostrare, sia rispetto allo spirito aggregante della cultura giovanile degli anni Sessanta, sia, ancora, per quella propensione al lavoro d'équipe tipica del mondo dell'architettura, del design e anche della moda di oggi. Ciò nonostante, Pollini ama parlare di sé in prima persona. E, soprattutto, vuole decidere da solo. Come capita spesso agli artisti. Ai poeti. Ai maestri dell'immagine e della parola. Perché e come c'entrano le scarpe in questa sua visione introversa e per niente mondana?
"Io nasco da una famiglia di calzaturieri", spiega semplicemente. "Mio padre era modellista. Mia madre lavorava nelle scarpe. Nel cortile di casa mia c'erano due piccoli calzaturifici... Ovunque guardassi, insomma, vedevo scarpe. E c'è di più. Mi piaceva farle. Ero profondamente intrigato dalla morfologia dell'oggetto. E non mi sono ancora stancato. C'è chi lavora nel mio stesso campo e dice spesso: 'Le scarpe mi fanno schifo'. A me, invece, continuano a piacere. Le ho viste fare fin da bambino. Ho appreso molto presto la tecnica costruttiva, e questo mi ha aiutato molto, da subito. Anche a disegnarle. Ritengo infatti che, per

The first time I ever met Pollini, within five minutes he told me about an immutable and peculiar aspect of his character and manner of getting ahead. "I am a solitary wolf."
It was something perfectly sui generis, as he wished to demonstrate, with respect to the aggregating spirit of the youthful culture of the Sixties as well as to what is classified as a tendency toward teamwork in the world of architecture, design and today's fashion. Nonetheless, Pollini likes to talk about himself in the first person. And, above all, he wants to make his decisions alone. This happens often to artists. To poets. To masters of the image and the word. Where do shoes fall into his introverted and hardly mundane vision?
"I am born of a family of shoemakers," he explains simply. "My father made models. My mother worked in shoes. In my house's courtyard there were two small shoemakers' workshops.. Everywhere I looked, I saw shoes. And, what's more, I liked making them. I was thoroughly intrigued by their morphology. And I'm still not bored. There are people who work in my field and often say: 'Shoes are a drag.' Me, I just go on liking them. I've watched them being made ever since I was little. Very early on I learned the technique for constructing them, and this helped me a lot, immediately, even for designing them. I believe that in order to design an object, you must also know how to make it. Otherwise, it is an arduous task even to simply outline it in pencil on paper. If this can be considered a part of my background, traveling has even contributed to putting some distance between me and others. He who is immobile, remains thus even when it comes to the struc-

A fronte, Armando Pollini affacciato sulla Piazza Ducale di Vigevano, foto di Armin Linke per Vogue

Opposite, Armando Pollini looking out the window on the Piazza Ducale in Vigevano, photo by Armin Linke for Vogue

disegnare un oggetto, devi anche saperlo fabbricare. Altrimenti diventa arduo anche descriverlo a matita sulla carta. E se questo può dirsi il mio background, viaggiare ha contribuito a creare un certo distacco fra me e gli altri. Chi infatti rimaneva immobile, restava tale anche nella concezione costruttiva della scarpa. Era convinto si dovesse continuare con il cuoio, con la forma... Al contrario, io girando potevo dire: 'No, guardate che in Francia le scarpe si fanno così'. Oppure: 'Attenzione, in Inghilterra le fanno cosà'... E loro: 'Ma è impossibile!'. E io: 'Adesso vi mostro come si fa'."

E, quasi per coerente coincidenza, siamo in grado di aggiungere un'ulteriore curiosità procedurale all'excursus di questo viaggiatore elettivo. Pollini viaggia anche sul foglio, mentre traccia le sue idee a matita. "Io sono uno che muove anche i disegni. Sono uno dei pochi che, pur avendo una discreta tecnica manuale, non riescono a muovere la mano. Io devo far ruotare il foglio. La mano rimane ferma, mentre il supporto si adatta alla mano e non viceversa."

Dice le cose, anche le più sorprendenti, come se non potessero essere altrimenti. Con grande decisione e altrettanta naturalezza. Armando Pollini comunica un rapporto di passione con il suo lavoro. L'instancabile attitudine alla ricerca.

tural conception of the shoe. And thinks he should continue along a linear projectile with the leather, the shape... On the contrary, I had moved around and could say: 'No, look, in France shoes are made like this.' Or, 'Look, in England they do them like that...' And they: 'That's impossible!' And I: 'I'll show you how.'"

And, nearly by pure coincidence, we can add yet another procedural curiosity to the itinerary of this elective traveler. Pollini even travels on paper as he sketches out his ideas. "I am one who moves his drawings even. I am one of the few who, despite a discrete manual capacity, cannot move my hand. I have to make the paper move. My hand remains still while the support adapts itself to the hand and not the other way around."

He says some of the most surprising things, as though they couldn't be any other way. Decisive and natural. Armando Pollini divulges a passionate relationship with his work. The tireless propensity towards research.

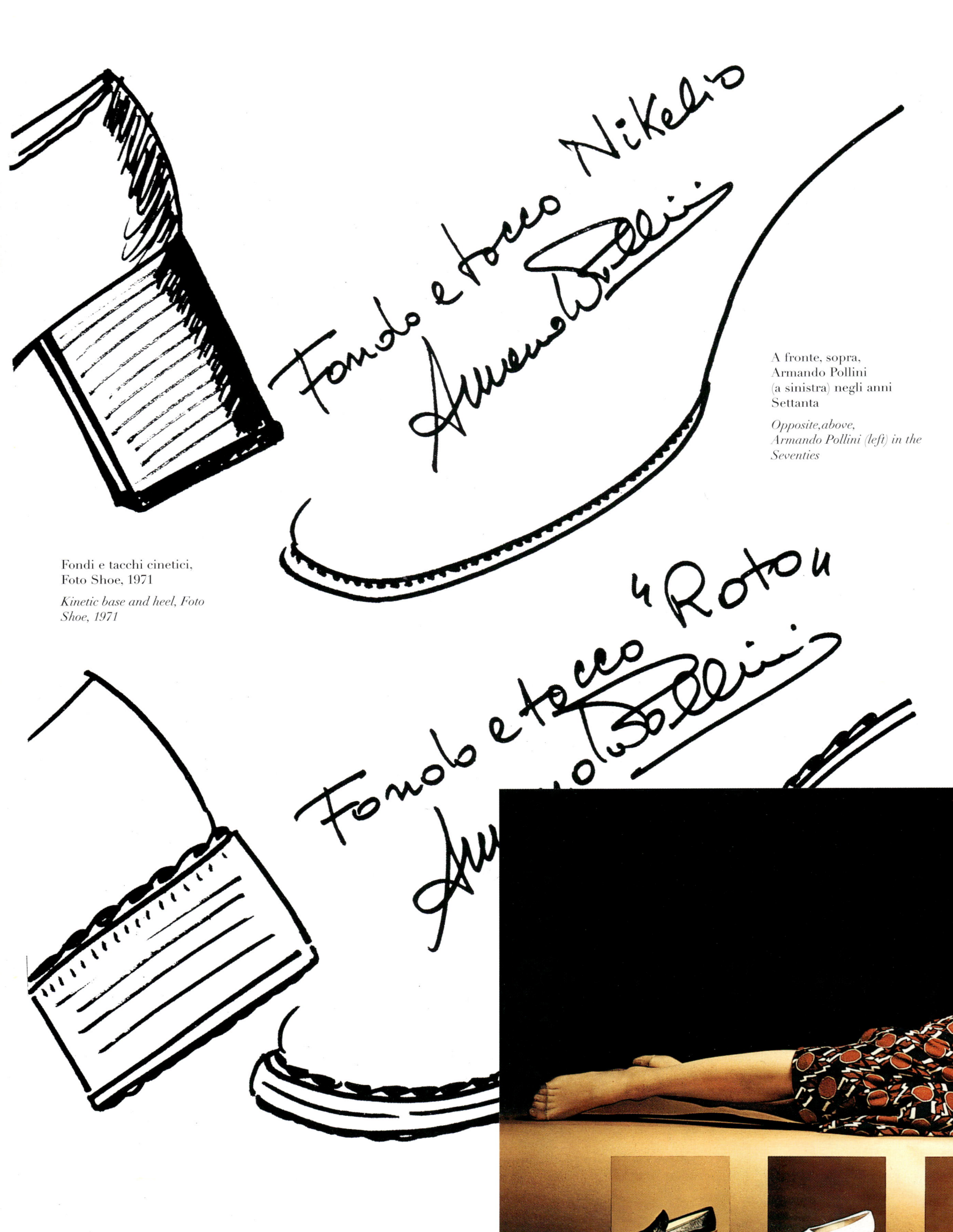

Fondo e tocco *Nikelio*

Armando Pollini

A fronte, sopra,
Armando Pollini
(a sinistra) negli anni
Settanta

*Opposite, above,
Armando Pollini (left) in the
Seventies*

Fondi e tacchi cinetici,
Foto Shoe, 1971

*Kinetic base and heel, Foto
Shoe, 1971*

Fondo e tocco "Roto"

Armando Pollini

"Sì, uso soprattutto la matita. Ho provato anche con i lampostil, perché io salvo sempre il primo tratto, non ho mai ripensamenti. Non cancello mai. Dico sempre che, se avessi avuto la gomma, forse sarei stato bravissimo. E invece, per me cancellare non ha molto senso. Io non cancello, rifaccio. E naturalmente butto via moltissimo. Molti mi dicono: 'Perché l'hai buttato via?'. Ma io difficilmente mi pento, perché quello che ho buttato era brutto. Certe cose vanno conservate e metabolizzate nella memoria, perché quando le visualizzi concretamente diventano bruttissime."

"L'esperienza professionale di Touraine risale al '58. Poi ho lavorato a Parigi per due anni e, in seguito, con la Francia ho continuato a collaborare saltuariamente per altri otto anni circa. Andavo per il periodo delle sfilate, restavo quindici, venti giorni e poi ritornavo a casa. Dicevo: 'Sennò qui mi ammazzano!'... Verso il 1963 ho cominciato ad andare a Londra. È capitato un po' per caso. Prima della 'swinging'... Poi ci sono caduto dentro. Più tardi ho conosciuto Fiorucci. Abbiamo lavorato insieme... non proprio insieme, ma abbiamo collaborato molto. Ognuno con un apporto individuale. Mi ricordo l'inaugurazione di Biba... E mi ricordo che i miei clienti di allora lavoravano molto con il mercato inglese. Così ho realizzato i miei primi zepponi, tacchi altissimi con plateau anteriore, camosci colorati, modelli alla Mary Jane... Eravamo bravi, ma io ero l'unico ad avere questo rapporto ravvicinato, dall'interno, con Londra. Quindi ritornavo e facevo delle proposte... Guardavo, poi suggerivo quello che avevo visto. Ero portavoce di un certo clima generazionale. King's Road... Mary Quant e così via. Ero uno dei pochi giovani che conoscevano davvero il mestiere."

"Yes, for the most part I use a pencil. I've also tried felt tip pens, because I always stick to my first lines. I never erase. I always say that if I had had an eraser, I probably would have been so very good. Instead, erasing doesn't make much sense to me. I don't erase, I redo, and, needless to say, I throw a lot away. Many say to me: 'Why'd you throw that away?' But I rarely regret because what I threw out was ugly. Certain things should be saved and metabolized only in the memory: when you see them in the flesh they become hideous."

"My experience in Touraine goes back to '58. Then I worked in Paris for two years and, afterward, I continued an intermittent collaboration with France for about eight years. I went for the fashion shows, and stayed for fifteen days and then came home. I'd say: 'If not they'll kill me here!'... Around 1963 I began going to London. That happened a little by chance. Before 'swinging'... then I got involved. Later, I got to know Fiorucci. We worked together... not exactly together, but we collaborated a lot. Each made his individual contribution. I remember the inauguration of Biba... And I remember that my clients back then worked a lot with the English market. That's how I made my first platform wedges, high heels with an elevated sole, colored suedes, Mary Jane models... We were great, but I was the only one who had such a close relationship with—an insider's view of—London; so when I returned, I started making proposals. I looked, and then suggested what I saw. I was the loudspeaker for the climate of a generation. King's Road... Mary Quant, etc. I was one of the few young people who truly knew the business."

Sopra, courtesy Foto Shoe, 1971
Ai lati, forma "Roto", Armando Pollini per Stil Novo

Above, courtesy of Foto Shoe, 1971
Right and left, Model for "Roto", Armando Pollini for Stil Novo

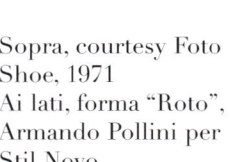

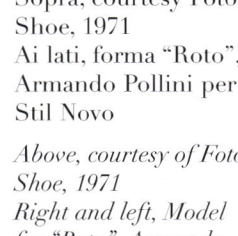

"Ho trovato il tempo di realizzare delle cose che poi ho buttato via", racconta ancora Pollini. "Comunque le ho buttate via materialmente, magari distruggendo il prototipo. Ma quando ho dovuto andare a ripescarle, potevo disporre della mia testa come di un archivio. Quando, ad esempio, è arrivato il revival degli anni Settanta, ho dovuto ricorrere a quell'archivio. Disegnavo infatti senza rifarmi a dei referenti visivi, ma piuttosto utilizzando i ricordi di ricordi. E ti dirò che le cose che disegnavo erano belle. Al contrario, quando sono andato a verificare com'erano in realtà quei modelli negli anni Settanta, e non dico che ho provato a copiarli, ma quasi, gli stessi progetti non erano più belli come prima. Quello che mi ha soddisfatto di più è stato fatto pensando agli anni Settanta così come io li ricordavo a memoria, così come io li avevo vissuti a livello personale ed emotivo."

"I found the time to make things that I threw away right after," Pollini continues. "However I only threw them away materially, perhaps destroying the prototype. But when I had to go back and get them, I could simply flip through my head like an archive. When the Seventies revival came along, I had to go into those archives. I drew without turning to any visual references, using, instead, memories of memories. And I'll tell you, the things I drew were beautiful. However, when I went to look at how those Seventies designs really were, not that I'd tried to copy them, though almost, the same ideas were not as beautiful as they had been before. The one that pleased me the most was the one I made while thinking about the Seventies just as I remembered them, as I had lived them, on a personal and emotional level."

Foto di Piero Gemelli
per Condé Nast

*Photo by Piero Gemelli
for Condé Nast*

Forme ricercatamente essenziali. Sperimentazione di nuovi materiali e tecnologie. Scelte estetiche che coniugano armonia di proporzioni e aspetti di funzionalità. Un processo creativo che, dalla concezione del disegno, si esprime attraverso la progressiva configurazione di prototipi diversi, fino al perseguimento della forma finale poi destinata alla produzione. Il coraggio, infine, di salvare un'idea o di cestinarla senza esitazioni, fanno di Armando Pollini un artefice e contemporaneamente un intuitivo cultore del concetto stesso di design. Se infatti il suo oggetto di analisi e di indiscussa affezione è la scarpa, non si può certo pensare alla sua produzione calzaturiera come a un semplice fatto di routine aziendale.

Con una pluriennale storia di progettista alle spalle, e con una più recente esperienza in campo imprenditoriale, Armando Pollini rappresenta comunque una figura a sé stante, un personaggio sui generis.

Qualcosa a metà strada fra l'arte della progettazione e il piacere puro della ricerca, che rende evidente, anche allo sguardo più frettoloso e superficiale, quella che è la sua simpatetica inclinazione per la scarpa-oggetto. Scarpa certamente studiata e pensata per un connubio confortevole con il piede; vista in rapporto alle esigenze e ai dettami della moda, ma anche, e soprattutto, bella e intrigante in quanto design. Narrativa quanto può esserlo un accessorio d'arredo. Sintetica e coraggiosa come può diventare ogni forma, dalla sedia alla chaise-longue, dal paravento al vaso, pensata per migliorare la qualità estetica e pratica della vita.

Ricordi che tornano con piacere. Come un leitmotiv attitudinale. Dalla carriera free-lance a quella imprenditoriale, Armando Pollini compie scelte individuali. Spesso repentine. Ma sempre e comunque prive di violenza, di presunzione, di volgari prevaricazioni.

"Possedevo un fabbrica, questo già nel 1975. L'avevo presa principalmente per fare quello che volevo, ma non pensavo ancora a una mia linea. Anche perché vedevo l'aspetto commerciale come un nemico dal quale tenermi alla larga. In seguito, ho capito che potevo diventare una delle pubbliche relazioni del mio prodotto. Non dico un venditore, ma qualcuno che poteva portare in giro le sue idee e spiegarle. Altri avrebbero poi pensato a venderle. Disegnavo due o tre linee diverse, realizzavo varie collezioni, finché mi sono deciso a farne una mia: la Armando Pollini Design. E da quel momento in poi la ditta ha co-

Deliberately basic shapes. Experimentation with new materials and technologies. Esthetic choices that bring together proportional harmony and functional aspects. A creative process that expresses itself through the progressive configuration of various prototypes, from the conception of the design all the way to the final form that goes into production. The courage to save an idea or throw it away without hesitating. All these combine to make Armando Pollini an artist and an intuitive cultivator of the concept of design. If, in fact, his object of analysis and unquestionable affection is the shoe, one certainly cannot think of his shoe production as a simple factory routine.

With a long experience as a designer behind him, and a more recent experience as an entrepreneur, Armando Pollini represents an independent figure, a sui generis personage. Something somewhere between the art of design and the pure pleasure of research makes his charming inclination toward the shoe-objet clear even to the most hurried and superficial of glances. A shoe certainly studied and thought out for a comfortable union with the foot; seen in relationship with the expectations and dictums of fashion; but even, and above all, beautiful and intriguing in its design. Narrative—in as much as a decorative accessory can be. Synthetic and courageous as any shape can become, from the chair to the chaise-longue, from the folding screen to the vase, thought out to improve

Prove di stampa ispirate ad artisti moderni

Print proofs inspired by modern artists

minciato a lavorare quasi esclusivamente per me. La fabbrica dunque, esisteva già. Semplicemente l'ho modificata in maniera radicale, specializzandola in un tipo di prodotto ben preciso. Attenta ricerca di materiali. Manodopera altamente specializzata. Buona qualità di design. Bassa tecnologia, macchine poco evolute. Macchine utensili, insomma. Niente robotizzazione, niente isole, niente alta serializzazione. Il prodotto è una scarpa che, pur essendo prodotta in serie, mantiene una sua anima. Ha una certa connotazione umana, perché, a mio parere, l'effetto lavorazione a mano è importante. Io considero la mia scarpa una cosa 'viva', nel senso che, appena la indossi, balla con te. Al contrario, esistono scarpe 'morte'. Io sono decisamente contrario al prodotto di serie, se questo prodotto non si presta all'alta tiratura. Voglio dire, va benissimo per un catino di plastica, in fondo li fanno tutti uguali. Altrimenti, se si tratta di qualcosa che richiede un intervento umano, deve trattarsi di intervento umano."
Lo ascolto ammirata, e non sempre

Gli interni dello stabilimento di Vigevano

The interior of the Vigevano factory

A fronte, foto di Piero Gemelli per Condé Nast

Opposite, photo by Piero Gemelli for Condé Nast

the esthetic and practical qualities of life.
Memories that come back pleasantly. Like a leitmotiv. From the free-lance career to that of the entrepreneur, Armando Pollini makes individual choices. Often he repeats them. But always, and unconditionally, without violence, presumption, and vulgar corruption.
"I once had a factory; this was already back in 1975. I got it primarily to do what I felt like, but I hadn't yet thought about my own line, even because I thought of the commercial side as an enemy of which I should stay clear. Then, I understood that I could become a PR for my product. I don't mean a salesman, but someone who could distribute the ideas and explain them. Others could think about selling them. I designed two or three different lines, created various collections, until I decided to make my own: Armando Pollini Design.
And from that moment on, the company began to work almost exclusively for me. The factory, therefore, already existed. I simply modified it radically, making it specialize in a very specific product. High quality prime materials. Skilled craftsmanship. Good design. Low technology, barely developed machinery. Machine tools, in short. No automatization, no workstations, no assembly line production. The product is

Foto di Piero Gemelli
per Condé Nast

*Photo by Piero Gemelli
for Condé Nast*

Alla pagina seguente,
Armando Pollini e Roberta
Motta fotografati
da Maurizio Pracella

*Following page, Armando
Pollini and Roberta Motta
photographed by Maurizio
Pracella*

A fronte, interni dello
stabilimento di Vigevano;
sullo sfondo, prova di
stampa ispirata ad artisti
moderni

*Opposite, the interior of the
Vigevano factory; on the
background, print proofs
inspired by modern artists*

capita parlando con un creativo, con un artista o con un designer. E creo naturalmente un collegamento tra la sua maniera di progettare e quella delle giovani leve del design d'interni. L'inglese Tom Dixon, ad esempio, protagonista della scena londinese dalla metà degli anni Ottanta a oggi, ha concepito oggetti d'arredo assemblando pezzi di ferro vecchio, tubi di rame da impianti idraulici, corde, elastici e camere d'aria. Eppure, se gli chiedi un disegno, ti risponde che non ha mai progettato su carta nemmeno uno dei suoi oggetti. Le analogie, a ben vedere, esistono. Esistono dopo aver constatato che, anche per Armando Pollini, è importante elaborare la forma, il disegno, dopo avere privilegiato le caratteristiche di un materiale. L'elastico, ad esempio. Una delle sue passioni ricorrenti. "I materiali mi piacciono tutti", conferma. "Li ho provati, usati, sperimentati, accarezzati, amati... Mi intrigano quelli naturali e quelli sintetici, secondo me il fatto è ininfluente. Deve comunque trattarsi di un materiale vivo. Con le nuove tecnologie, i materiali possono non essere naturali, ma sono spesso vivi. Io non uso mai... ma forse è una sciocchezza... pelli di animali che vengono ammazzati per ragioni superflue, vacue... intendo il coccodrillo, i rettili in genere. È uno scempio inutile, perché oggi esistono imitazioni talmente belle! E se una donna vuole proprio l'originale, l'autentico, se lo vada a comperare dov'è in vendita. Il materiale, a mio parere, dev'essere bello perché lavorato bene, se si tratta di pelle. Se invece viene impiegato il tessuto, allora è necessario che sia rifinito bene. Oggi le tecnologie sono fantastiche, e non mi stanco di ripeterlo. La viscosa, ad esempio, è uno dei materiali che preferisco. È bellissima per l'abbigliamento, e io continuerò a usarla anche quando sarà passata di moda."

a shoe which, although produced in a series, has its own inner spirit. It has a certain human connotation because, in my mind, the effect of handwork is important. I consider my shoes to be 'living' things in that as you slip it on it dances with you. On the other hand 'dead' shoes do exist. I am decidedly against mass-produced things, if the thing does not lend itself to such. I mean, it's just fine for a plastic bowl, in any case they're all the same. Otherwise, if it's something that needs human intervention, then it must really have human intervention."

I listen to him with respect, as rarely happens when speaking with a creator, an artist or designer. I naturally made a connection between his way of projecting and that of young interior design recruits. The Englishman Tom Dixon, for example, a leader on the scene in England from the mid-Eighties to today, has developed furnishings by assembling pieces of old iron, copper tubing from plumbing systems, ropes, elastics and inner-tubes. Then if you ask him for a drawing, he'll answer that he's never planned even one of his objects on paper. Analogies exist if you look hard. That is they exist once you've taken into account that even for Armando Pollini it is important to elaborate the form, the design, after having privileged the characteristics of a material. Elastic webbing, for example. One of his recurring passions. "I like all materials," he confirms. "I've tried, used, experimented, caressed, loved them... Both natural and synthetic materials intrigue me, to me it's uninfluential. In any case the material must be alive. With new technology, materials might not be natural, but often they're alive. I never use—but maybe that's foolish—skins of animals that are butchered for superfluous, vacuous reasons... I mean crocodiles and reptiles in general. It's useless slaughter since today we have such beautiful imitations! Anyway, if a woman wants the real thing she can just go and get it where it's sold. Materials should be beautiful because they've been worked well, if they're leather. If, instead, fabric is used, then it's because it's well made. Today's technology is fantastic, and I never tire of saying so. Viscose is one of my preferred materials; it's beautiful in clothing, and I'll continue to use it even when it's gone out of style."

A fronte, campagna fotografica realizzata da Giovanni Gastel per Armando Pollini, estate 1985

Opposite, photographic campaign by Giovanni Gastel for Armando Pollini, summer 1985

"Analogie"
di Giovanni Gastel
per Pollini, collezione
autunno/inverno 1983/84

*"Analogies" by Giovanni
Gastel for Pollini, fall/winter
collection 1983/84*

"Analogie"
di Giovanni Gastel
per Pollini, collezione
autunno/inverno 1984/85

*"Analogies" by Giovanni
Gastel for Pollini, fall/winter
collection 1984/85*

"Analogie"
di Giovanni Gastel
per Pollini, collezione
autunno/inverno 1984/85

*"Analogies" by Giovanni
Gastel for Pollini, fall/winter
collection 1984/85*

"Analogie"
di Giovanni Gastel
per Pollini, collezione
autunno/inverno 1984/85

*"Analogies" by Giovanni
Gastel for Pollini, fall/winter
collection 1984/85*

"Analogie"
di Giovanni Gastel
per Pollini, collezione
autunno/inverno 1984/85

*"Analogies" by Giovanni
Gastel for Pollini, fall/winter
collection 1984/85*

"Analogie"
di Giovanni Gastel
per Pollini, collezione
estate 1984

"Analogies" by Giovanni
Gastel for Pollini,
summer collection 1984

"Analogie"
di Giovanni Gastel
per Pollini, collezione
estate 1984

*"Analogies" by Giovanni
Gastel for Pollini,
summer collection 1984*

"Analogie"
di Giovanni Gastel
per Pollini, collezione
autunno/inverno 1985/86

*"Analogies" by Giovanni
Gastel for Pollini, fall/winter
collection 1985/86*

"Analogie"
di Giovanni Gastel
per Pollini, collezione
autunno/inverno 1984/85

*"Analogies" by Giovanni
Gastel for Pollini, fall/winter
collection 1984/85*

Collezione
autunno/inverno 1986/87,
foto di Giovanni Gastel

*Fall/winter collection
1986/87, photo by Giovanni
Gastel*

A fronte, serie "Araba
Fenice", estate 1985,
foto di Giovanni Gastel

*Opposite, "Araba Fenice"
series, summer 1985,
photo by Giovanni Gastel*

Collezione
autunno/inverno 1983/84,
foto di Giovanni Gastel

*Fall/winter collection
1983/84, photo by Giovanni
Gastel*

Collezione
primavera/estate 1986,
foto di Giovanni Gastel

*Spring/summer collection
1986, photo by Giovanni
Gastel*

Collezione
autunno/inverno 1983/84,
foto di Giovanni Gastel

*Fall/winter collection
1983/84, photo by Giovanni
Gastel*

Collezione
autunno/inverno 1988/89,
foto di Nicoletta Giordano

*Fall/winter collection
1988/89, photo by Nicoletta
Giordano*

Il ricercatore è, nella stragrande maggioranza dei casi, sinonimo di mobilità. Di viaggio. Di spostamento e smarrimento linguistico. Poco importa se si tratta di viaggi nella geografia o nel proprio universo sensibile. Comunque sia, Armando Pollini rispetta queste prerogative o coordinate del viaggiatore, esibendo un lungo, inaspettato curriculum di spostamenti, partenze e ritorni tra continenti e immagini. Viaggi solitari, come si compiace di sottolineare. Solitari come il suo rapporto personale con il lavoro. "Non è una scelta. Sono così. Ho sempre viaggiato e deciso da solo. Non mi piace muovermi in compagnia, ecco tutto."

Del resto, da Goethe a Stendhal, da Alighiero Boetti a Ettore Sottsass, come non ammettere la fruttuosa esperienza di incontri in loco con vianti sconosciuti. L'esperienza di lunghe e silenziose carellate dello sguardo. Di riflessioni su sconfinati e sorprendenti scenari? Come non trovarsi d'accordo sugli aspetti profondi di conoscenza veicolati dalla libertà individuale di sostare o di spostarsi?

"Ho viaggiato moltissimo", conferma Armando Pollini. "Anche quando era molto giovane, e va tenuto conto che sono un provinciale, nato a Vigevano nel 1935. Vuol dire sessant'anni fa, in un'epoca in cui, soprattutto nella mia area d'origine, il viaggio non era proprio contemplato. Nessuno dei miei coetanei e concittadini viaggiava... Nessuno si muoveva. Io ho cominciato per caso... poi sono arrivate le occasioni di lavoro e le ho prese tutte al volo. Ovunque mi chiedessero di andare, io andavo."

The researcher, for the most part, is synonymous with mobility. With travel. With movement and loss of tongue. It matters little if it has to do with geographic travels or travels within one's own universe. However it may be, Armando Pollini respects these prerogatives and combinations of the traveler, exhibiting a long and surprising curriculum of his movements, departures and arrivals, between continents and images. Solitary voyages, he is pleased to emphasize. Solitary like his relationship to his work. "It is not a choice. I'm that way. I've always been alone in my decisions and travels. I don't like to go about with anyone else, that's all..."

For the rest, from Goethe to Stendhal, from Alighiero Boetti to Ettore Sottsass, it's impossible to ignore the fruitful experience of on-the-spot encounters with nameless journeymen. The experience of long and silent running views. Of reflections on infinite and surprising scenes. How can one not agree on the deep aspects of knowledge stimulated by the individual freedom to stay or go away?

"I traveled a lot," Armando Pollini confirms. "Even when I was very young, and it must be recalled that I was provincial, born in Vigevano in 1935. That's some sixty years ago, at a time when, particularly where I'm from, no one ever even thought about traveling. None of my contemporaries or fellow townsmen traveled... No one moved. I began only by chance... then opportunities for work turned up and I snatched them all up. Wherever they asked me to go, I went."

Come in un resoconto letterario, esposto comunque con grande semplicità, Pollini mi parla, indifferentemente, di Francia e di Giappone. Da Parigi alla Touraine, da Kobe a Londra, si profila un itinerario professionale che, dalla fine degli anni Cinquanta in avanti, lo accompagnerà fino all'attuale successo: quello legato alla nascita della sua azienda, la Armando Pollini Design. Insomma, storia e passato prossimo si intrecciato in un racconto stringato e minimale, un racconto che ha la stessa impronta stilistica del suo narratore, la sua stessa visione estetica, il suo senso delle proporzioni, del limite, dell'autoironia.
Forse per questo e per altri infiniti quanto sottili motivi fondamentali della sua identità procedurale, per la sensibilità del suo tratto grafico e per le prerogative specifiche delle diverse materie impiegate, viene spontaneo, nel caso particolare di Pollini, il fatto di collegare le tappe più avanzate dell'industrial design con il suo universo di segni specificamente relativi a una moda fatta di scarpe, di abiti e di accessori. Senza soluzione di continuità ci è dato infatti di percepire qualità di sintesi plastica, di elasticità o di trasparenza; oppure, richiami alle cromie, alle opacità e rugosità proprie delle materie naturali, secondo un gioco di rimandi che dal mondo organico sconfina nell'universo dell'alta tecnologia.

Like in a literary account, presented, in any case, very simply, Pollini spoke to me indifferently about France and Japan. From Paris to Touraine, from Kobe to London, he sketched out the professional itinerary that had accompanied him from the end of the Fifties to his current success: the one related to the birth of his company; Armando Pollini Design.
In short, history and the recent past are interwoven in a concise and minimal story that often bears the stylistic imprint of its narrator, his own esthetic vision, his own sense of proportions, limits, and self-irony.
It is probably for this, as well as for infinite and equally subtle fundamental reasons of his procedural identity, for the sensitivity of his graphic line, and for the particular qualities of the various materials he uses, that, in the case of Pollini, the combination of the most advanced levels of industrial design with his universe of signs specifically related to a style made up of shoes, clothes and accessories comes spontaneously. Without any solution for continuity, we perceive the qualities of sculptural, elastic and transparent synthesis; or turning to colors, opacity and texture of natural materials, according to a play on references that overflow from the organic world into the universe of high technology.

Alberto Lievore,
poltrona "Manolete"

Alberto Lievore,
"Manolete" armchair

Collezione inverno 1990,
foto di Omodeo Salè

*Winter collection 1990,
photo by Omodeo Salè*

Architetti-designer come Massimo Vignelli o Gaetano Pesce, che non a caso è cliente fisso e amico di Armando Pollini, sostengono che il rinnovamento delle forme non deve mai ignorare l'evoluzione di tecniche e materiali. Tecnologie e stili, insomma, vanno di pari passo, proprio come tende a dimostrare la produzione di Armando Pollini.

Foto di Maurizio Pracella

Photo by Maurizio Pracella

A fronte, Jorge Pensi, sedia "Toledo", 1988

Opposite, Jorge Pensi, "Toledo" chair, 1988

Architect-designers like Massimo Vignelli and Gaetano Pesce, who by no small chance is a fixed client and friend of Armando Pollini's, firmly believe that the renewal of shapes must never ignore the evolution of technology and materials. Technology and styles go hand in hand, just the way the production of Armando Pollini tends to demonstrate.

Serie "Tigre", collezione
inverno 1989/90,
foto di Omodeo Salè

*"Tiger" series, winter
collection 1989/90,
photo by Omodeo Salè*

A fronte, Massimo Vignelli,
sedia "Ara", 1973

*Opposite, Massimo Vignelli,
"Ara" chair, 1973*

Foto di Maurizio Pracella
Photo by Maurizio Pracella

A fronte, A.G. Fronzoni, sedia “64”, 1964, foto Ballo
Opposite, A.G. Fronzoni, “64” chair, photo Ballo

Foto di Omodeo Salè
Photo by Omodeo Salè

Serie "Broccato",
collezione estate 1990,
foto di Omdeo Salè

*"Brocade" series, summer
collection 1990, photo by
Omodeo Salè*

A lato, Barbara Klijer-
Lorek, specchio
in ceramica dorata, 1994

*Right, Barbara Klijer-Lorek,
gilded ceramic mirror, 1994*

A fronte, ingresso
di uno showroom
in Old Bond Street,
Londra, progettato
da Fabio Novembre

*Opposite, entry to a
showroom in Old Bond
Street, London, designed
by Fabio Novembre*

Foto di Omodeo Salè
Photo by Omodeo Salè

A fronte, Jedrzej Stepak,
paravento in vimini
"Cattedrale", 1991

*Opposite, Jedrzej Stepak,
"Cathedral", folding wicker
screen, 1991*

Foto di Omodeo Salè

Photo by Omodeo Salè

Serie "Geo",
collezione estate 1991,
foto di Omodeo Salè

"Geo" series,
summer collection 1991,
photo by Omodeo Salè

A lato, Michal Zaborowski,
sedia con pastorale
in acciaio, ottone,
tessuto, 1993

Right, Michal Zaborowski,
seat with pastoral in steel,
brass and fabric, 1993

A lato, serie "Chiodi",
collezione inverno 1989/90,
foto di Omodeo Salè

*Right, "Nails" series,
winter collection 1989/90,
photo by Omodeo Salè*

Sopra, Massimo Vignelli,
servizio da tavola "Anello",
1986

*Above, Massimo Vignelli,
"Anello" dinnerware, 1986*

Foto di Omodeo Salè
Photo by Omodeo Salè

A fronte,
Giovanna Azzarello,
poltrone "Aletta",
poliuretano espanso
e fiberfill con struttura
e piedini in legno

*Opposite,
Giovanna Azzarello,
"Aletta" armchair,
expanded polyurethane
and fiberfill with wooden
structure and feet*

A fronte, Adam
Lozykowski, piatto,
vetro colorato saldato

Opposite, Adam Lozykowski,
tinted soldered glass plate

Foto di Maurizio Pracella
Photo by Maurizio Pracella

A fronte, Joanna
Stokowska, "Oggetti
effimeri. Bacilli",
fogliame trattato, 1993

*Opposite, Joanna
Stokowska, "Ephemerous
Objects. Bacilli",
treated foliage, 1993*

Foto di Omodeo Salè
Photo by Omodeo Salè

Sotto, foto di Maurizio
Pracella

*Below, photo by Maurizio
Pracella*

A fronte, Massimo Vignelli,
showroom Artemide,
Miami, 1985

*Opposite, Massimo Vignelli,
Artemide showroom, Miami,
1985*

“Un altro materiale che ritengo straordinario è l'elastico, quando l'ho scoperto non era affatto una novità. Ho visto scarpe realizzate con l'elastico anche nel dopoguerra. Il fatto è che l'elastico era allora di pessima qualità e le scarpe non duravano granché... si rompevano molto in fretta. Per questo, credo che l'avvento dell'elastico nella moda contemporanea sia dipeso molto dall'evoluzione tecnologica. Si tratta di tecnologie nate probabilmente intorno agli anni Settanta, che hanno reso questo materiale molto più resistente e versatile. Gli elastici che io uso per le scarpe sono nati originariamente per realizzare delle guêpières... esattamente quando le guêpières sono uscite di scena era appena nato un materiale fantastico per realizzarle! Quando l'ho visto l'ho prenotato tutto, e ho fatto delle scarpe. Il produttore era ormai pronto a vendere i telai, ma io gli promisi che gli avrei comperato l'elastico in maniera continuativa per realizzare il mio lavoro. E così, questo rapporto va avanti ormai da dieci anni.”

Esiste la possibilità di sperimentare nuove tecnologie in rapporto al rinnovamento delle forme. Ma è anche possibile, come dimostra la ricchissima gamma di oggetti contemporanei made in Poland pubblicati in queste pagine, enfatizzare le peculiarità estetiche e pratiche di materiali esistenti in natura, o già sperimentati nella progettazione, per creare abbinamenti e soluzioni formali sempre nuovi e sorprendenti. La ricerca concentrata su materiali ricorrenti genera, a sua volta, continue evoluzioni stilistiche.

Come osserva Pollini: “L'elastico è l'unico materiale definitivo, il più nuovo entrato nella storia della calzatura dalle sue origini. La pelle, il cuoio e materiali del genere esistono da centinaia d'anni. Forse dai tempi di Gesù Cristo... L'elastico, invece, è straordinario perché ha le stesse caratteristiche di traspirazione della pelle, oltre a possedere una grande flessibilità. Ha una duttilità incredibile, non si sforma... ritorna, non si sporca molto... L'unica cosa vera è che, come materiale, può piacere o non piacere, ma questo è un altro discorso. Un materiale fantastico difficilmente può non piacere. Forse non a tutti, ma certamente a molti. Io, ad esempio, uso l'elastico per l'80% della mia produzione. La collezione maschile è addirittura realizzata solo in elastico. E c'è anche un motivo. Secondo me, la scarpa da uomo in pelle andrebbe realizzata in un certo modo, come avveniva in passato. La mia azienda le sa realizzare bene in elastico. Solo le Lobbs e le Church... insomma, le scarpe anglosassoni, possiedono le qualità 'classiche', 'tradizionali', che intendo io. La scarpa in elastico, invece, è più facile, più leggera, in fondo anche più solida se rapportata alla sua leggerezza strutturale. Ed è anche comoda. Tuttavia, è indubbiamente un altro prodotto, più moderno, per gente che si veste in un altro modo.... anche se ho visto le mie scarpe adattarsi a tipi d'uomo molto diversi. ”

Foto di Maurizio Pracella
Photo by Maurizio Pracella

"Another material that I find extraordinary is elastic webbing, when I discovered it, it was hardly a novelty. I saw shoes made with elastic in the post-war years. However, elastic back then wasn't very good and the shoes didn't last long... they broke very quickly. That's why I think that the advent of elastic in contemporary fashion depends a lot on the evolution of technology. This technology came about in the Seventies and made this material much more resistant and versatile. The elastic webbing that I use for shoes was originally made for making corsets... just when merry-widows were going out this fantastic material was created for making them! So, when I saw it, I ordered it all and made shoes. At that point the manufacturer was ready to sell the looms, but I promised him that I'd continue to buy elastic for my work. And, so, this relationship has continued for ten years now."

The possibility of experimenting with the latest in technology exists in function of the creation of new shapes. However, it is also possible to emphasize the esthetic and practical details of materials that exist in nature or that have already been experimented with in design to create new and surprising combinations and formal solutions. This can be seen in the broad and rich array of objects made in Poland and shown in these pages. The search concentrating on recurring materials generates continuous stylistic evolutions.

As Pollini observes : "The elastic is the only definitive material, the latest newcomer to the history of shoes since their origins. Kid, leather and other similar materials have existed for hundreds of years. Probably since the time of Christ... Elastic materials, on the other hand, are extraordinary because they have the same permeability as skin, plus the stretch of elastic. It has an incredible malleability; it's not deformable and it doesn't soil easily... The only thing about it is that as a material either it pleases or it doesn't, but that's another story. It is difficult for such a fantastic material not to please. Perhaps not to all, but certainly many. I, for example, use elastic for 80% of my production. The men's collection is all elasticized, and for a good reason. I think that men's leather shoes ought to be made in a certain way: the way they used to be. My company makes them very well out of stretch. Only Lobbs and Church— that is Anglo-Saxon shoes—are able to answer to the 'classic' and 'traditional' qualities that I'm referring to. The elasticized shoe, on the other hand, is easier, lighter, and even sturdier in relationship to its structural lightness. What's more, it's comfortable. Nonetheless, it's another product altogether, more modern, for people who dress in another way... even if I've seen my shoes adapt themselves to very different kinds of men."

Walter Gropius, McMillen, Karin de Souza, teiera "TAC", 1968

Walter Gropius, McMillen, Karin de Souza, "TAC" teapot, 1968

Foto di Maurizio Pracella

Photo by Maurizio Pracella

Yaakov Kaufman, poltrona
"Virgola", struttura
in profilato metallico
ricoperto da schiume
poliuretaniche a stampo

*Yaakov Kaufman, "Comma"
armchair, structure of metal
section covered with molded
polyurethane foam*

Nella sua incessante ricerca dell'immagine perfetta o più congeniale ai suoi desideri, Armando Pollini scopre oggi di avere immagazzinato un patrimonio di memorie professionali, di esperienze e di esperimenti, a volte fisicamente eliminati, ma non per questo definitivamene inutili. "Io sono paradossale", afferma con sicurezza dovendo spiegare le caratteristiche del suo approccio creativo. "Lo sono di carattere. A volte uso dei paradossi anche per farmi capire. Secondo me è solo questo gusto del paradosso che ti porta successivamente a fare qualcosa di diverso. Altrimenti è facile andare indietro invece di progredire".

Una scorsa a un buon manuale di industrial design può fornire la controparte visuale e storica di quanto Armando Pollini cerca oggi di perseguire attraverso il suo lavoro. Infatti, fra paradossi sintattici e neologismi troviamo il meglio della progettazione: da Walter Gropius a Gaetano Pesce, da Frank Lloyd Wright ad Arata Isozaki, da Eero Saarinen a Philippe Starck.

In his incessant search for the most perfect image or the one congenial to his desires, today Armando Pollini is discovering that he has a veritable patrimony of professional memories, of experiments, some physically eliminated, but not definitively useless, stored away. "I am paradoxical," he affirms confidently as he tries to explain the characteristics of his creative approach. "It's in my character. Sometimes I use paradoxes to make myself understood. I think it's precisely my taste for the paradoxical that makes me go and do different things. Otherwise it's to easy to fall behind instead of going ahead."

A quick look over a good industrial design manual can provide the visual and historical balance to what Armando Pollini is trying to pursue today through his work. In fact, among syntactical and neological paradoxes, we can find the best of planning: from Walter Gropius to Gaetano Pesce, from Frank Lloyd Wright to Arata Isozaki, from Eero Saarinen to Philippe Starck.

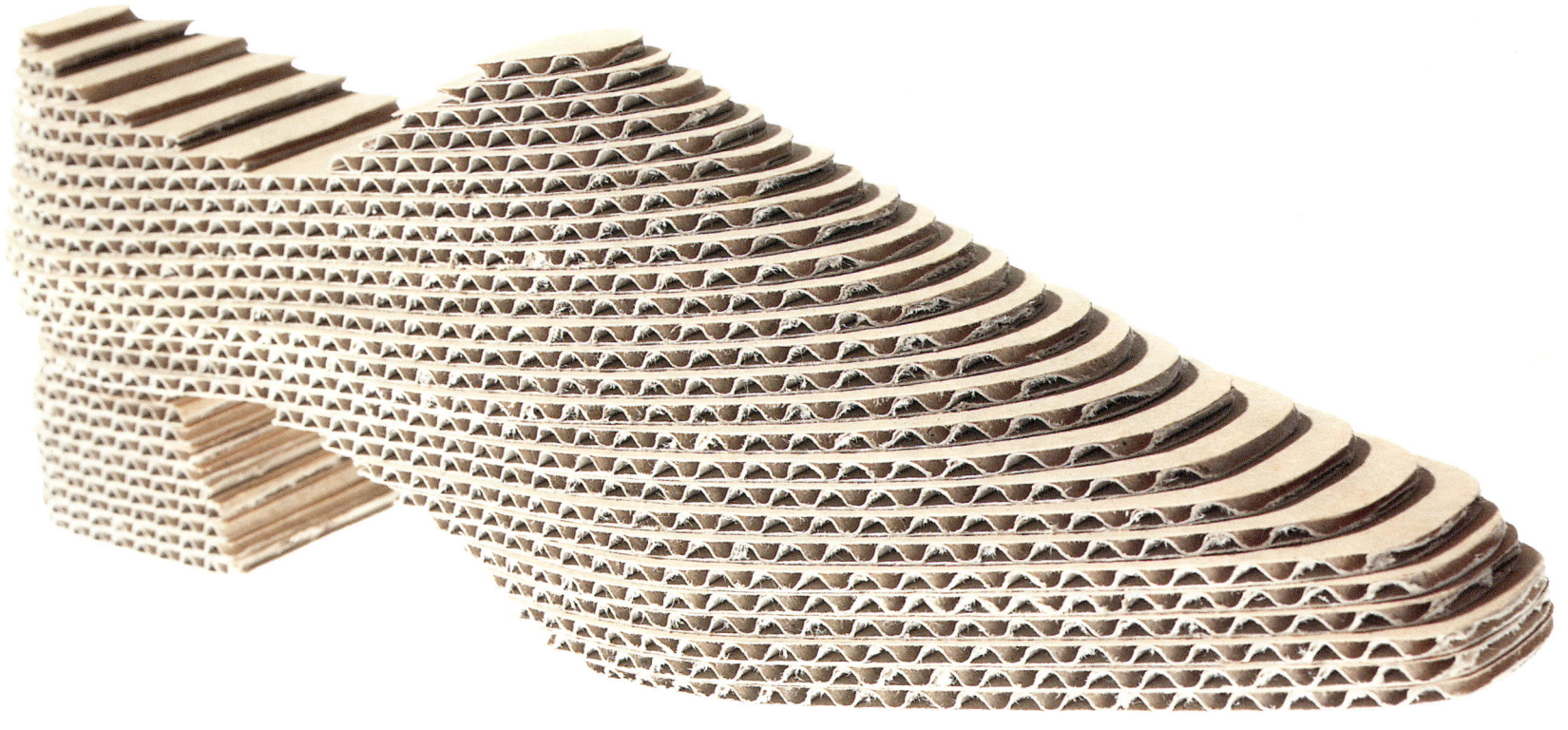

Prototipo in cartone
Cardboard prototype

Giovanna Azzarello,
poltrone "Camilla",
poliuretano e Dacron
con struttura in legno

*Giovanna Azzarello,
"Camilla" armchair,
polyurethane and Dacron
with wooden structure*

A fronte, foto di Omodeo
Salè

*Opposite, photo by Omodeo
Salè*

Foto di Maurizio Pracella

Photo by Maurizio Pracella

Foto di Maurizio Pracella

Photo by Maurizio Pracella

Elio Di Franco, divano
"Gei", poliuretano
espanso, gambe in metallo,
1991

Elio Di Franco,
"Gei" couch, expanded
polyurethane, metal legs,
1991

Alle pagine seguenti, serie
"Opera", velluto stampato,
collezione inverno 1990/91,
foto di Omodeo Salè

Following pages, "Opera"
series, printed velvet, winter
collection 1990/91, photo by
Omodeo Salè

Ron Arad, libreria
"Bookworm"
Ron Arad, "Bookworm"

Foto di Maurizio Pracella
Photo by Maurizio Pracella

Milano, Spazio Cellula,
angolo doccia del bagno
con scultura a parete
di Rudolf Stinger

*Milan, Spazio Cellula,
bathroom with shower corner
and sculpture on the wall
by Rudolf Stinger*

Harry Segil, poltrona
"Fan Suite" in vinile

Harry Segil, "Fan Suite"
armchair in vinyl

A fronte, stampa del
Metropolitan Museum
of Art di New York
Sopra, disegno di Stefano
Canulli per Armando
Pollini, esposto al
Metropolitan Museum
of Art di New York

*Opposite, print of the
Metropolitan Museum
of Art in New York
Above, design by Sefano
Canulli for Armando
Pollini, exhibited at the Metropolitan
Museum of Art in New York*

STEPPING INTO ART
THE MICHELANGELO SHOE AWARD 1994

Drawings
by
STEFANO CANULLI

SHOES FROM ITALY
THE METROPOLITAN MUSEUM OF ART
NEW YORK, FEBRUARY 1, 1994

Foto di Alfredo Bernasconi

Photo by Alfredo Bernasconi

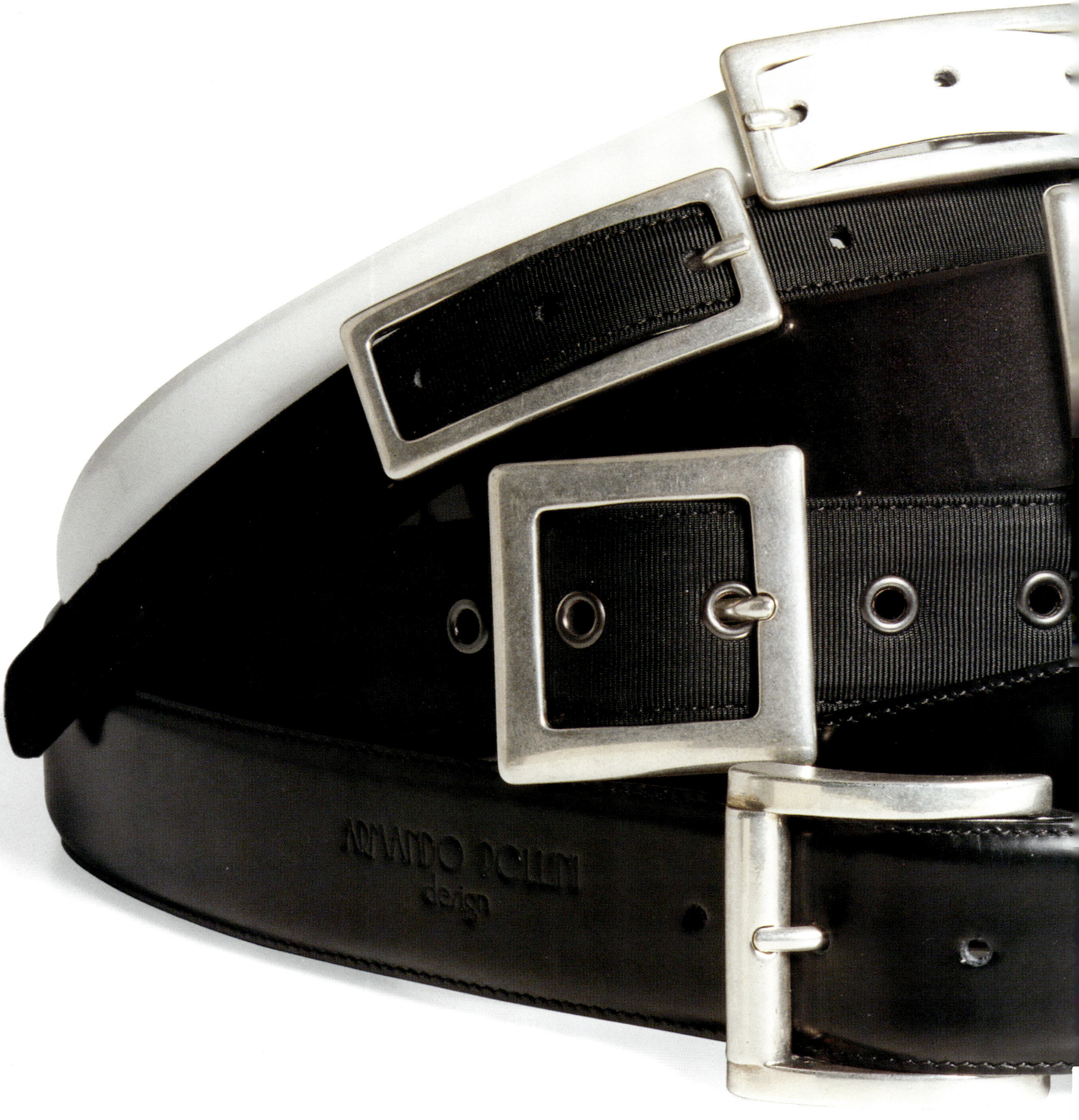

Sopra, Elio Di Franco,
"Pouf pouf", 1994

*Above, Elio Di Franco,
"Pouf pouf", 1994*

Armando Pollini parla senza esitazioni. Non è soltanto un "lupo solitario". È anche e soprattutto un tecnico e un creativo perfettamente sicuro delle scelte fatte. Sono scelte difese in maniera appassionata. Scelte incontestabili. Questa sicurezza diventa vieppiù evidente mentre esprime opinioni sul gusto, sullo stile, sul concetto stesso di modernità.

"Modernità è comodità. È libertà di apparire, senza mai cadere nel cattivo gusto. È un paio di jeans d'inverno, un pantalone di cotone d'estate, una maglia e un paio di scarpe come le mie. Non perché sono le mie. Ma soltanto perché le trovo giuste, moderne appunto. Se una donna, a volte, può mascherarsi, un uomo dev'essere quello che è. Deve sentirsi se stesso. Tranquillo. Non avere dubbi su come è vestito. Non dico che devi vestirti sempre uguale, ma più cerchi un tuo look e più ti rendi riconoscibile agli altri. Se oggi portassi un paio di pantaloni sporchi credo che non si noterebbe, perché ormai sono visto nel mio insieme."

Pollini tende al monocromo. Ama il nero. Il nero con il bianco. Il bianco assoluto per l'estate. Il bianco e marrone. Odia il navy abbinato al bianco. Lo giudica banale, come il beige e marrone. "Ogni persona deve avere una sua maniera di presentarsi, di apparire. Ed è importante non cambiare in continuazione. Altrimenti non sei più riconoscibile, non sei mai la stessa persona. Per quale motivo? O cerchi continuamente persone, amici diversi, oppure non vedo il motivo di travestirsi e di trasformarsi di fronte a una stessa audience.

Foto di Armin Linke
Photo by Armin Linke

Armando speaks without hesitation. He's not just a "solitary wolf". He's also, and above all, a technician and creator who is confident in his choices. They're choices he defends passionately. Incontestable choices. This self-assuredness becomes all the more evident as he expresses his opinions on taste, on style, and on the concept of modernity.

"Modernity and practicality. It is the freedom to stand out without ever falling into bad taste. It's a pair of jeans in the winter, cotton pants in the summer, a sweater and a pair of shoes like mine. Not because they're mine. But only because I think they're just right, modern that's all. If a woman can disguise herself on occasion, a man must remain what he is. He must feel himself. Tranquil. He mustn't have doubts about what he's wearing. I'm not saying you must always dress the same, but the more you go after your own look, the more you make yourself recognizable to others. If I were to wear a pair of dirty pants today, I don't think anyone would notice, because I'm seen as a whole now."

Pollini tends toward the monochrome. He loves black. Black with white. Pure white for the summer. White and brown. He hates navy with white. He thinks its banal like beige with brown. "Each individual must have his own way of presenting himself, of making himself noticed. And it's important not to change constantly. Otherwise you're no longer recognizable; you're never the same person. But why? Either because you are constantly looking for people, different friends, or I don't see any reason to disguise yourself and transform yourself in front of the same audience.

Insomma, ritornando a quanto dicevo all'inizio di questo discorso: modernità è comodità.

A Londra mi ha sempre colpito l'aspetto della gente per le strade. Ma anche la maniera di utilizzare, ad esempio nell'arredamento, certi mobili vecchi, sì, ma modificati, riassemblati... Oppure il fatto di creare degli oggetti con materiali inconsistenti, come il cartone a strati, il fil di ferro ecc. Non sono certo in grado di farti dei nomi... Io le cose le ho viste, ma non ero una persona colta se vuoi... Non mi fermavo a guardare, a leggere, non lo ritenevo fondamentale. Guardavo qualcosa e pensavo: 'Chi ha fatto questo è bravo'. E basta, capisci? Non sono una persona con una formazione di base. Non sono andato a scuola, l'ho lasciata dopo la quinta elementare. Magari visitavo i musei, ma non riconoscevo gli autori. Anche i più famosi. Dicevo: 'C'è quel bravissimo olandese...' E mi riferivo a Van Gogh. Ignoravo, nel vero senso della parola, il nome delle cose, le scale di priorità... E, oltre a questo, ero molto solo. Non che mi mancassero gli amici, le amiche. Però la mia vita era controllata esclusivamente da me stesso. Viaggiavo per i fatti miei, passavo lunghi periodi in silenzio, e spesso le persone che mi trovavo di fianco diventavano un fastidio, perché mi obbligavano a mediare. Mi costringevano a scelte non mie. Da solo, invece, potevo spostarmi e decidere in completa libertà: 'Domani vado a Parigi. Oppure vado a Los Angeles', senza costringere nessun altro a fare la valigia. O ad avere i mezzi per partire con me."

Foto di Armin Linke
Photo by Armin Linke

Going back to what I was saying in the beginning: modernity is comfort.

In London I've always been struck by the aspect of the people I saw in the street. But even by their way of using furniture, for example, old pieces, indeed, but modified and reassembled... Or of creating objects with insubstantial materials, like pressed cardboard, wire, etc. I'm certainly unable to give you any names... I saw those things, but I wasn't very cultured about it, if you will... I didn't stop to look, to read, I didn't think it necessary. I looked at something and thought: 'Whoever made that is great.' That's all you see? I don't have any basic training. I didn't go to school, I left it after my fifth year in elementary. Maybe I went to museums, but I didn't recognize the artists. Not even the most famous ones. I'd say: 'There's that great Dutchman...' And I meant Van Gogh. I ignored, in the true sense of the word, the names of things, the order of priorities... And, what's more, I was very much alone. Not that I didn't have friends, but my life was fully controlled by me alone. I traveled for my own reasons, spent long periods in silence, and often the people I found by my side became a bother, because they obliged me to compromise. They forced me to go along with decisions that were not mine. Alone, on the other hand, I could go about and make decisions in total freedom: 'Tomorrow I'll go to Paris. Or maybe I'll go to Los Angeles,' without forcing anyone else to pack his bag or to have the means to go with me."

Dall'esperienza londinese al rapporto con una scarpa viva, partecipe delle vicende della moda per sua stessa natura, è facile ipotizzare le conseguenze professionali e sentimentali, ovvero le scelte operate da Armando Pollini verso il Duemila. "Sono entrato nell'abbigliamento un po' per scherzo, soprattutto per riuscire a vedere le mie scarpe sugli abiti che avevo in mente mentre le disegnavo. Non erano abiti definiti, piuttosto il contrario. Così, giocando, ricercando le lunghezze, le proporzioni... ho cominciato a produrre qualcosa. Non molto, a dire il vero... quindi, una volta aperto il negozio di Londra, un po' per scherzo, li abbiamo venduti. Così è nata una piccola linea di abbigliamento."

Foto di Armin Linke
Photo by Armin Linke

From the London experience to the relationship with a living shoe, Pollini participates in events in fashion by nature; it is easy to hypothesize about the professional and emotional consequences or Armando Pollini's choices around the year two thousand. "I got into clothing design partly as a joke, mostly in order to see my shoes with the clothes I imagined them with as I drew them. They weren't defined clothes, more to the contrary. That way, playing, studying lengths, proportions... I began to produce something. Not much to tell the truth... so, once I'd opened the London shop, I sold them, in part as a joke. That's how the line of clothing was born."

La cornice commerciale di Armando Pollini trova nel palazzetto al 35 di Brook Street, nell'area W1 di Londra, la sua ideale *location*. Pollini lo definisce "una cosa molto equilibrata": meno di cento metri quadri ciascun piano, per un classico edificio ottocentesco organizzato su quattro livelli. I negozi sotto. Le scarpe al primo piano. L'abbigliamento e gli accessori al secondo. Gli uffici e lo showroom all'ultimo. "Io non credo di essere un uomo da negozi. Mi interessano davvero relativamente. Li apro perché capisco di avere bisogno di punti pubblicitari. E oggi, il negozio è la pubblicità più economica. Hai qualcosa che rende e che, contemporaneamente, divulga la tua immagine, il tuo marchio. Però non voglio darli in mano ad altri, o almeno, desidero che i miei collaboratori siano in completa simbiosi con le mie idee. Che mi capiscano. Non voglio fare del business, il business deve venire da sé. Se non c'è business, significa che non c'è talento".

Senza mai concedersi troppi meriti ("Attualmente collaboro con un'équipe di giovani, bravissimi assistenti"). Creativo con lo spirito del trascinatore, Armando Pollini esprime, pensiero dopo pensiero, quella sua irriproducibile natura. Quel suo carattere da sperimentatore. Quello stile tutto suo, sempre alle prese con soluzioni inedite e indomabili. "Adesso sono molto legato alla microporosa: una materia buffissima. Quando fai una suola disponi di uno stampo, ma non lo carichi... metti giù un po' di granulini... e lei esplode. Si espande come una spugna. Per questo, direi che ogni suola ha una sua storia. Magari ne hai una lunga così, poi la tiri fuori dallo stampo e lei continua a crescere a cielo aperto. È davvero incredibile! Un materiale vivo, insomma, composto di gas e gomma sintetica... uniti al calore. Se l'acqua pesa un kilogrammo a decimetro cubo, qui puoi ottenere 0,20 o 0,30 grammi, fino a 0,40, il 20% del peso dell'acqua. È come una chimica non logica."

Chissà quale e come sarà il prossimo paradosso creativo di Armando Pollini. Di una cosa, a questo punto, siamo più che certi: questo personaggio aborrisce la noia, la routine e i luoghi comuni. Mentre difende un ideale: nulla nell'esistente ha ragione di restare così come lo abbiamo trovato in origine. Tutto può conformarsi alla logica inarrestabile della trasformazione. Con delle indispensabili condizioni: la bellezza, l'armonia, l'attualità, le idee.

The commercial framework for Armando Pollini is in the little house at 35 Brook Street, in the W1 area of London, his ideal location. Pollini defines it as "something very balanced": less than one hundred square meters on each floor, for a classic nineteenth-century building distributed on four floors. The shops are below. Shoes on the first floor. Clothes and accessories on the second. The offices and showroom are on the last floor.

"I don't believe that I'm a man for shops. Their interest is very relative for me. I open them because I realize the need to have points for advertisement. And today, the shop is the most economic publicity. It provides income and all the while it spreads your image, your brand. However, I don't want to put them into anyone else's hands, I want, at the least, for my collaborators to be in total symbiosis with my ideas. That they understand me. I don't want to run a business, the business must run itself. If there's no business, that means there's no talent."

He never allows himself too many merits ("At present, I work with a great team of young people"). Incurable upholder of autonomy. Creator with the spirit of an enthraller, Armando Pollini doesn't betray, with just one simple thought, his very peculiar, irreproducible nature. His character of experimenter. That style all his own, always up against original invincible solutions. "Now I'm very much into microfiber: really strange stuff. When you make a sole, you take a mold, but you don't fill it, you lay down some granules... and it explodes. It expands like a sponge. For this reason I'd say that there's a story behind every sole. Maybe you have one that's this long, then you take it out of the mold and it continues to grow with no bounds. It's truly incredible! A living material, therefore, made up of gas and synthetic rubber combined with heat. If water weighs one kilogram per a cubic decimeter, here you can get 0.20 or 0.30 grams, up to 0.40, 20% of its weight. Then at a certain point it dissolves. You can't go any further. It's chemistry without logic." Who knows what and how the creative paradox by Armando Pollini will be. Of one thing we can be more than certain at this point: this man hates boredom, routine and public places. Meanwhile he defends an ideal: nothing in this world has any reason to remain as we found it. Everything can conform itself to the inexorable logic of transformation. With just a few conditions: beauty, harmony and modernity must always inspire the ideas.

La boutique di Londra
in Brook Street

*The London boutique in
Brook Street*

Questo libro è stato realizzato grazie alla disponibilità di Armando Pollini e alla preziosa collaborazione di Roberta Motta, cui va tutta la mia gratitudine.
Ringrazio inoltre tutti coloro che hanno contribuito alla realizzazione del progetto: Abitare, Alessi, A.N.C.I., Gilda Bojardi, Annalisa Bonati, Mariuccia Casadio, Elio Di Franco, Domus, Fotoshoe, Giovanni Gastel, Roberta Gemelli, Alessandra Ilari, Interni, Armin Linke, Giovanna Masla, Maurizio Pracella, Francesca Rinaldi, Studio Stand-Up Vigevano, Lella e Massimo Vignelli, Gerolamo Viola, Vogue Pelle. Sono riconoscente infine a Fabio Achilli e Claudio Ferri, indispensabili partners per la creazione editoriale di questo libro, a Marina Rotondo per il coordinamento redazionale, a FG Confalonieri e Stefano Tosi per il progetto grafico, a Elisa Seghezzi per l'impaginazione e ad Anne Ellis per la traduzione.

This book was realized thanks to the availability of Armando Pollini and the collaboration of Roberta Motta, to whom I owe my gratitude.
I also wish to extend my thanks to all those who contributed to the realization of this project: Abitare, Alessi, A.N.C.I., Gilda Bojardi, Annalisa Bonati, Mariuccia Casadio, Elio Di Franco, Domus, Fotoshoe, Giovanni Gastel, Roberta Gemelli, Alessandra Ilari, Interni, Armin Linke, Giovanna Masla, Maurizio Pracella, Francesca Rinaldi, Studio Stand-Up Vigevano, Lella e Massimo Vignelli, Gerolamo Viola, Vogue Pelle. Finally, I must recognize Fabio Achilli and Claudio Ferri, indispensable partners for the invention of this book, Marina Rotondo for coordinating its publication and editing, FG Confalonieri and Stefano Tosi for its design, Elisa Seghezzi for its pagination, and Anne Ellis for its translation.

Questo volume è stato stampato dalla Elemond spa presso lo stabilimento di Martellago (Ve) nell'anno 1997